8º L⁴h
1515

Préfecture d'Alger — Dépôt légal — N° ...

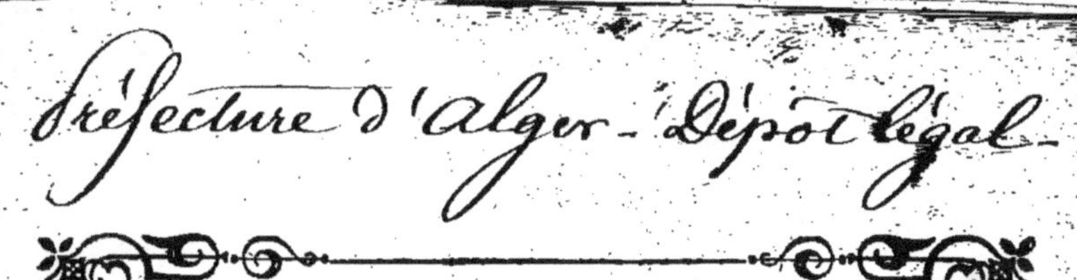

COMPTE-RENDU STÉNOGRAPHIQUE

DE LA

CONFÉRENCE

SUR

KLÉBER EN ÉGYPTE

FAITE A L'ACADÉMIE MILITAIRE D'ALGER

LE 17 JANVIER 1878

PAR

M. MAURICE WAHL

Professeur d'Histoire au Lycée d'Alger.

ALGER

IMPRIMERIE VICTOR AILLAUD ET COMPAGNIE

—

1878

L⁴h
1515

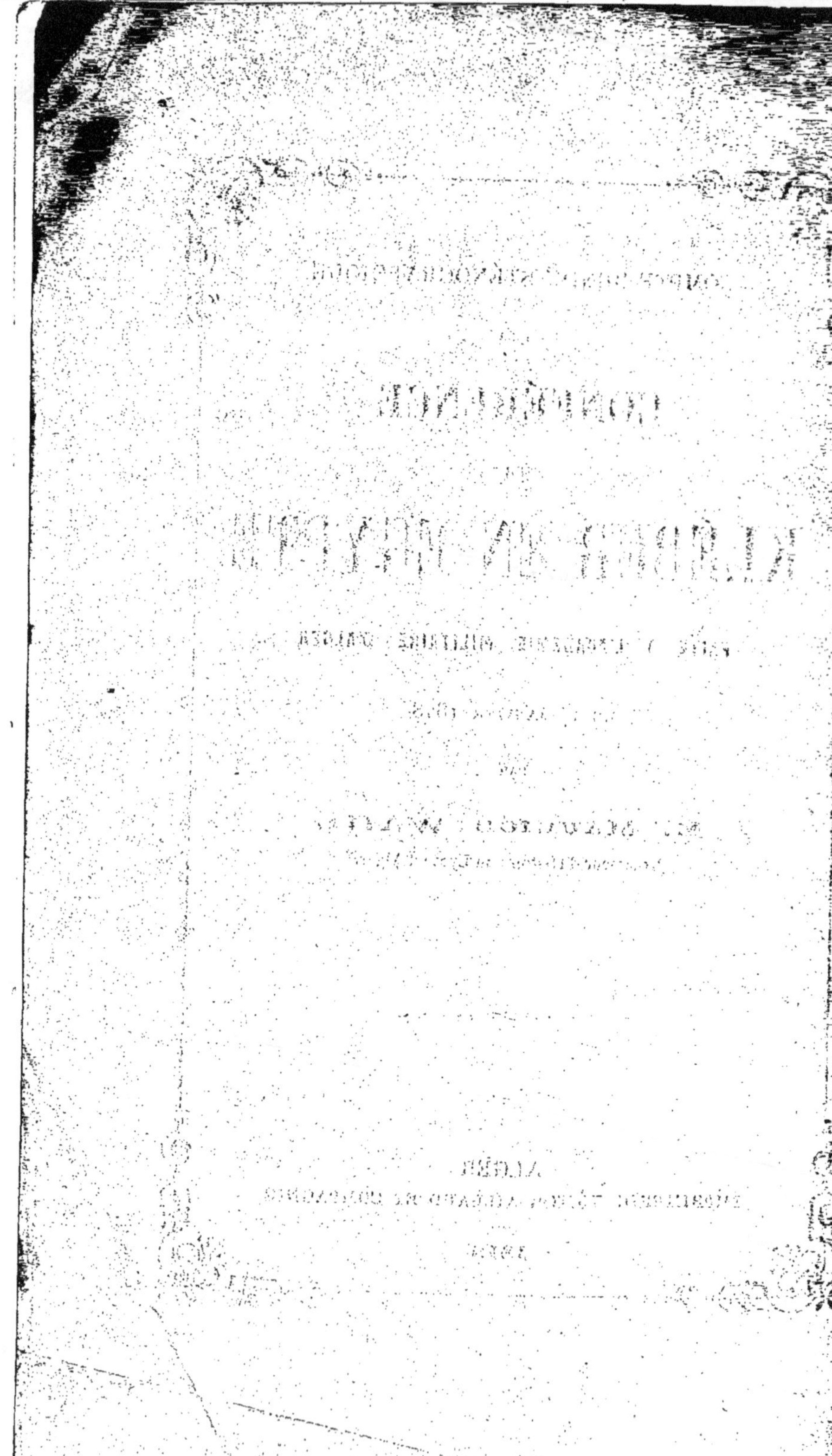

COMPTE-RENDU STÉNOGRAPHIQUE

DE LA

CONFÉRENCE

SUR

KLÉBER EN ÉGYPTE

FAITE A L'ACADÉMIE MILITAIRE D'ALGER

LE 17 JANVIER 1878

PAR

M. MAURICE WAHL

Professeur d'Histoire au Lycée d'Alger.

ALGER

IMPRIMERIE VICTOR AILLAUD ET COMPAGNIE

1878

BIBLIOTHÈQUE NATIONALE — R. F. — IMPRIMÉS

Lh
1515

COMPTE-RENDU STÉNOGRAPHIQUE

DE LA

CONFÉRENCE

SUR

KLÉBER EN ÉGYPTE

FAITE A L'ACADÉMIE MILITAIRE D'ALGER

LE 17 JANVIER 1878

Kléber avait 45 ans, lorsque l'expédition d'Egypte commença. Il était alors dans toute la force de l'âge et dans la plénitude de ses facultés. Sa grande taille, sa tête puissante faisaient de lui, selon l'expression de Napoléon, le plus bel homme de l'armée. Dans les mêlées, il apparaissait au-dessus de tous, dominant le tumulte, entraînant le soldat du geste et de la voix. Mayence, la Vendée, l'armée du Rhin avaient montré qu'une forte intelligence et des talents réels répondaient à ces dons extérieurs et à ces magnifiques apparences.

Tout a été dit sur l'expédition d'Egypte. Les uns n'ont voulu voir que le côté grandiose et vraiment séduisant de l'entreprise, les autres ont insisté sur les difficultés et les dangers. Je ne raconterai pas les péripéties variées de la campagne, je me bornerai à y suivre Kléber. Je le montrerai d'abord général de division, marchant en sous-ordre, puis lorsque le départ de Bonaparte l'a appelé au commandement en chef, déployant dans son triple rôle de négociateur, de militaire et d'administrateur les ressources de son ample génie.

Aussitôt qu'elle eut touché le sol de l'Egypte, l'armée française s'empara d'Alexandrie ; Kléber fut un de ceux qui conduisirent l'assaut. Il y fut blessé : « le général Kléber, au pied de la muraille, désignait l'endroit où il voulait que ses grenadiers montassent, mais il reçut une balle au front qui le jeta par terre » (correspondance de Napoléon). Cet accident l'empêchait de suivre l'armée, Bonaparte lui confia le commandement de la place d'Alexandrie. C'était là un singulier congé de convalescence. Il n'y avait guère de poste plus important et aussi plus difficile à garder. Alexandrie était le port principal de la conquête, le magasin de l'armée et, en cas d'insuccès, l'unique espoir de retour. Dans cette grande ville qu'il s'agissait de conserver à tout prix, il fallait compter avec une population nombreuse et turbulente, mal disposée pour le soldat. Des meurtres d'hommes isolés, des conspirations pour livrer la ville révélaient chaque jour une hostilité dont on ne pouvait que prévenir les effets sans trop oser châtier les coupables. Le manque d'argent ajoutait un embarras irritant à ces graves dangers. Une querelle très-vive survint entre Bonaparte et Kléber à propos d'une somme de 100,000 francs que le général en chef avait desti-

née à la marine et que le commandant d'Alexandrie « n'ayant pas un sou en caisse » employa
aux besoins immédiats de la garnison. Isolé, in-
certain du sort de l'armée avec laquelle les communications étaient coupées, il fallut à Kléber
une rare énergie morale pour résister au décou··
ragement. Ce fut précisément pendant une de
ces périodes d'anxiété que survint le désastre
d'Aboukir. Depuis près de trente jours on était
sans nouvelles de Bonaparte quand la flotte as-
saillie par Nelson fut détruite dans la rade d'A-
boukir. Un pareil événement semblait devoir
être fécond en conséquences terribles : débarquement des Anglais, occupation du littoral et du
Delta, l'armée française emprisonnée en Egypte
jusqu'au jour où, prise entre l'Anglais, le Turc
et le Mameluck, elle serait enfin totalement écra-
sée. Rien de tout cela n'arriva. Kléber avait vu
du haut de la tour du phare la défaite de la flotte.
Il prit sur le champ les mesures énergiques que
réclamait l'imminence du péril. Les débris de
l'armée navale furent recueillis, la population
indigène fut contenue ; on occupa les points stra-
tégiques, on mit le littoral en état de défense, et
les Anglais, tout victorieux qu'ils étaient, n'osè-
rent pas même tenter un débarquement.

Remis enfin de sa blessure, Kléber passa à un
service actif. Il fit partie de l'expédition de Syrie
et, durant toute la campagne, il fut au poste le
plus difficile et le plus honorable, à la tête de
l'avant-garde tant qu'on marcha en avant, à la
tête de l'arrière-garde quand il fallut reculer.
Lorsque Bonaparte investit cette ville de St-Jean

d'Acre, où devait échouer sa fortune, Kléber, avec sa division forte de 2,000 hommes, eut pour mission de couvrir le siége. Il conçut alors un projet très-hardi. L'armée des pachas venant de Damas avait franchi le Jourdain. Kléber résolut de se jeter entre le fleuve et cette armée, de la pousser dans la direction d'Acre et de l'écraser entre Bonaparte et lui. Napoléon, dans ses mémoires, juge très-sévèrement cette manœuvre ; il la qualifie d'imprudente, de mal combinée. Kléber s'inspirait très-mal à propos du souvenir de la surprise d'El-Arisch, exécutée au début de la campagne. Quand lui, général en chef, reçut l'avis de ce mouvement, il fut saisi d'une vive inquiétude et partit aussitôt avec une division pour arriver avec une précision presque providentielle au moment où tout semblait perdu. Cette version est peu favorable à Kléber, mais elle est démentie par un témoignage fort grave, celui que fournit dans sa correspondance Napoléon lui-même. Ce n'est pas la seule fois que nous aurons à relever des contradictions et des contradictions formelles entre les mémoires et la correspondance. En pareil cas, l'hésitation n'est pas permise. D'une part, on a des mémoires rédigés longtemps après l'évènement, avec des souvenirs affaiblis, avec une complaisance évidente de l'auteur qui est en même temps le héros. La correspondance, au contraire, c'est l'ensemble des lettres, des instructions, des ordres, des rapports écrits au moment, au cœur même de l'action ; ce sont les documents réels, vivants, contemporains des faits qu'ils racontent, c'est le témoignage sans

apprêt ni déguisement que la saine critique his-
torique préférera toujours écouter.

Dans cette affaire du Mont-Thabor, les alléga-
tions des mémoires sont toutes renversées par
la correspondance. Ce mouvement, que Napoléon
qualifie d'imprudent et qui mériterait ce repro-
che s'il eût été isolé, avait été combiné avec lui,
conseillé par lui : « Si vous trouvez moyen, écrivait-il à Kléber, le 13 avril 1799, de vous mettre
entre eux et le Jourdain, il ne faudrait pas être
retenu par l'idée que cela les ferait marcher sur
nous. Nous nous tenons sur nos gardes, nous en
serions bien vite prévenus et nous irions à leur
rencontre » Ce souvenir d'El-Arisch dont Kléber,
au dire des mémoires, se serait malencontreuse-
ment inspiré, Bonaparte lui-même l'avait évoqué
dans sa dépêche du 13 : « Si l'ennemi osait cam-
per près de votre camp, le général en chef ne
doute pas que vous ne lui fassiez une attaque de
nuit qui aurait le même succès que celle d'El-
Arisch. » Enfin, ce n'est pas par une sorte de di-
vination du génie que le général en chef se trouve
amené sur le champ de bataille. Il avait promis
son concours de la manière la plus formelle :
« A la première nouvelle que vous donneriez au
général que l'ennemi a accru son audace au point
de vous attaquer dans votre position, le général
s'y portera lui-même. »

Kléber agissait donc pour exécuter un plan
combiné en commun et il avait le droit de compter sur le concours de Bonaparte. Sa position
commençait à devenir critique quand celui-ci
arriva ; du haut des collines où les grands blés

mûrs cachaient leur marche, les soldats de la division Bon, découvrirent un spectacle émouvant, « deux petits carrés de troupes environnés de fumée » représentaient le corps de Kléber enfermé et comme perdu au milieu des masses ennemies. Tout-à-coup un détachement des troupes de renfort se montre à découvert, le canon résonne, une immense acclamation s'élève. Les nouveaux arrivants sont disposés de manière à former avec la division Kléber un triangle qui enferme l'ennemi. Tous chargent en même temps avec une irrésistible ardeur, les Turcs sont en pleine déroute. 9 à 10,000 hommes hors de combat de leur côté, 200 ou 300 du côté des Français, prouvent une fois de plus la grande supériorité tactique de ces derniers.

La journée du Mont-Thabor est un des épisodes glorieux de la campagne. Ensuite il n'y a plus de victoires, il faut songer à la retraite et reprendre le chemin de l'Egypte.

Quelques mois après son retour en Egypte, Kléber arrivait au commandement. On ne vit jamais promotion plus inattendue ni plus mal accueillie de celui qui en était l'objet. Il avait reçu sans autres explications l'ordre de se trouver le 23 août à Rosette. Quand il arriva, au jour et à l'heure indiqués, il trouva, au lieu de Bonaparte, parti la veille sur le *Muiron* et la *Carrière*, sa nomination de commandant en chef accompagnée de quelques instructions. Sa colère fut vive en apprenant « que l'oiseau était déniché » et son mécontentement s'exhala en plaintes et en reproches. On a voulu voir dans cette irrita-

tion le résultat d'une opposition systématique,
l'explosion d'une jalousie depuis longtemps mal
contenue ; le caractère de Kléber proteste contre
ces accusations. Il n'était pas d'ailleurs le seul à
s'indigner et toute l'armée répétait ses récrimi-
nations. Quoi de plus naturel ? Brusquement,
sans avoir averti personne, sans avoir rien fait
pour préparer les esprits à ce coup inattendu, le
général en chef s'évadait, pour ainsi dire, de son
armée ! On a trouvé après coup d'excellentes
raisons pour expliquer ce départ de Bonaparte,
pour expliquer même la façon furtive dont il
s'accomplit. Les journaux d'Europe lui avaient
appris les malheurs de nos armes, les mena-
çantes victoires de la coalition ; des nécessités
maritimes lui firent une loi de brusquer son
embarquement. Mais tout cela Kléber et les soldats d'Egypte en savaient-ils un mot et n'étaient-
ils pas seulement en présence de ce fait brutal
et presque inouï, le départ de leur chef ?

Par une sorte d'erreur d'optique on est toujours porté, quand on parle de cette histoire, à
confondre les époques. On croit toujours qu'il
s'agit de l'empereur tout puissant, maître absolu
de tous et de lui-même, se portant où sa présence lui semblait nécessaire. On oublie trop
qu'en 1799, Napoléon n'était encore que Bonaparte, c'est-à-dire un général chargé par son
gouvernement d'une mission définie et n'ayant
pas le droit, tant qu'il n'en avait pas été régu-
lièrement relevé, d'abandonner son poste. Qu'il
laissât là ses lieutenants, ses soldats engagés par
lui-même dans une expédition lointaine et pleine

de périls, c'est ce que n'excusait pas l'opinion militaire de ce temps-là. Quand même la situation de l'armée eût été des plus florissantes, les plaintes étaient légitimes et les reproches justifiés.

Mais cette situation que Kléber n'avait point faite et dont il héritait à son corps défendant, quelle était-elle ? Ici nous avons pour nous renseigner une pièce fort importante ; c'est le rapport que Kléber aussitôt après avoir pris le commandement, se hâta de rédiger et d'adresser au directoire. Napoléon lui-même a publié plus tard ce rapport en l'accompagnant d'ailleurs des dénégations les plus formelles. Entre ces deux témoignages si opposés, il faut faire un choix. La plupart des historiens, et parmi eux les plus illustres, n'ont pas hésité ; ils ont accepté tout d'une pièce le système de Napoléon, reçu comme des preuves toutes ses affirmations et ils sont partis de là pour accuser Kléber, sinon de lâcheté et de mauvaise foi, au moins de légèreté et de faiblesse. Nous ne les imiterons pas. Avant de nous prononcer avec eux ou contre eux, nous examinerons de plus près la question, faisant appel à tous les indices qui la peuvent éclaircir et surtout aux renseignements fournis par la correspondance.

Le rapport de Kléber porte sur plusieurs points importants et partout il accuse une véritable détresse. L'armée est réduite de moitié, « le dénûment d'armes, de poudre de guerre, de fer coulé et de plomb présente un tableau aussi alarmant. » Les troupes sont nues, les caisses

sont vides, l'inondation rend impossible le re-
couvrement des contributions en retard. Il s'agit
de garder un pays hostile « quoique l'Egypte
soit tranquille en apparence, elle n'est rien moins
que soumise. Le peuple est inquiet et ne voit en
nous que des ennemis de sa propriété. Son
cœur est sans cesse ouvert à l'espoir d'un chan-
gement favorable. » Pendant ce temps un orage
s'amasse sur les frontières, 30,000 hommes de
l'armée du vizir et de Djezzar sont déjà arrivés
à Gaza. Le vizir est campé auprès d'Acre, il s'agit
de résister aux efforts réunis de grandes puissances : la Porte, les Anglais et les Russes.

Sur tous les points, Napoléon oppose des dé-
mentis indignés. L'armée, dit-il, était forte, non
point de 15,000 hommes comme voudrait le
faire croire Kléber, mais de 28,000. Les armes
ni les munitions ne faisaient défaut, on avait
10,000 fusils de réserve, 1426 bouches à feu.
225,000 projectiles. 1100 milliers de poudre, etc.
Pour le vêtement, les draps ne manquaient pas,
et d'ailleurs comment manquer d'habillements
dans un pays qui fabrique des cotonnades, des
toiles, des draps de laine en si grande quantité.
La solde était au courant, les Egyptiens devaient
10,000,000 de contributions, « la conduite de
ce peuple pendant la guerre de Syrie ne laissait
aucun doute sur ses bonnes dispositions «. Les
dangers du dehors n'étaient point imminents,
le grand Vizir n'était point en Syrie, il n'était
point même à Alep, il était au-delà du Taurus.

Beaucoup de ces réponses sont tout à fait éva-
sives ; l'armée est nue, dit Kléber ; l'Egypte fa-

brique des cotonnades, des toiles, réplique Napoléon. Mais ces produits fabriqués, il fallait ou les prendre par force, ce qui était impolitique, ou les acheter, ce qui n'était possible que si on avait de l'argent. Napoléon nie qu'il y ait eu un arrière de solde, mais quand il donne le gros chiffre des contributions dues, il ne s'explique point sur la facilité des recouvrements. Il chicane Kléber sur des détails sans valeur. Peu importe par exemple qu'au mois d'août le grand-vizir ait été à Damas ou au-delà du Taurus, si son armée était dès lors en mouvement, si lui-même était en marche vers l'Egypte.

C'est surtout à propos de l'effectif des troupes et du matériel que les dénégations rétrospectives de Napoléon deviennent catégoriques. Mais ici encore le témoignage de la correspondance vient infirmer celui des mémoires. Dans une lettre en date du 28 juin adressée par lui au Directoire, il réclame 20,000 fusils, 40,000 baïonnettes, 3,000 sabres, 6,000 paires de pistolets, 10,000 outils de pionniers. Dans la lettre qu'en partant il laisse pour Kléber, il revient sur la même question, il lui fait espérer un arrivage d'armes que doit faciliter l'entrée de la flotte dans la Méditerranée. Par conséquent l'abondance du matériel n'était pas si grande qu'il veut bien le dire plus tard, et lui-même avouait qu'il y avait là un point défectueux.

La même lettre du 28 juin contient sur l'effectif de l'armée des révélations curieuses. Au 28 juin, suivant Bonaparte lui-même, l'armée d'Egypte avait perdu 5,344 hommes. Entre le 28

juin et le 22 août s'était produite l'affaire d'Aboukir où les troupes françaises avaient perdu 400
hommes enlevés dans la presqu'île et environ 1
millier de tués ou de blessés. Bonaparte en partant avait de plus emmené environ 500 hommes.
Si nous additionnons ces différentes quantités :

$$
\begin{array}{r}
5.344 \\
400 \\
1.000 \\
500 \\
\hline
\end{array}
$$

nous arrivons au chiffre de 7.244 auquel on
peut encore ajouter quelques centaines d'hommes morts de maladie et surtout de la peste.
Lors du départ de Bonaparte, l'armée d'Egypte
avait donc perdu de 7,500 à 8,000 hommes. Forte
de 30,000 soldats en débarquant, elle se trouvait donc réduite à 22,000 hommes. Or, ce chiffre
de 22,000 est précisément celui que donnait le
général Damas, chef d'état-major de Kléber. Il
en faut encore retrancher les malades, les non-
combattants que Bonaparte dans sa lettre du 28
juin, évaluait à 3,000, savoir : 2,000 aux hôpi-
taux, 500 vétérans, 500 ouvriers.

Ainsi, en nous servant des évaluations four-
nies par Bonaparte lui-même, nous arrivons à
cette conclusion : l'effectif de l'armée en août
1799 devait être à peu près do 19,000 hommes.
De là à la moitié de 30,000 dont parle Kléber,
il n'y a point un écart tellement fort qu'il faille
crier à l'imposture et à la légèreté. En tout cas,
si dans son évaluation il exagérait les pertes,
cette exagération n'était pas aussi forte que celle

commise par Bonaparte, lorsque dans sa lettre, il parlait d'être réduit pour la saison suivante à 12,000 hommes effectifs.

Tout bien examiné, il ne paraît pas que la situation matérielle de l'armée d'Egypte ait été fort brillante au départ de Bonaparte. Quant à l'état moral, il était aussi fâcheux que possible. Les troupes étaient encore sous le coup de la malheureuse campagne de Syrie ; l'échec de St-Jean d'Acre, la retraite devant l'ennemi avaient laissé dans les cœurs une durable impression ; la maladie, la peste arrivant par surcroît avait profondément ébranlé les nerfs et l'esprit du soldat. Tous ces souvenirs, toutes ces tristesses, tous ces deuils, l'abandon du général en chef les avait réveillés et comme exaspérés. Kléber se rendit compte du sentiment général qu'il partageait d'ailleurs quelque peu, et alors, voulant tirer le meilleur parti possible d'une situation qu'il jugeait déplorable, il entreprit de négocier.

On a gravement discuté pour savoir si Kléber, en engageant des négociations, se conformait aux instructions laissées par Bonaparte. Il y a là un point de droit qui n'est guère douteux. Bonaparte, général en chef, quitte l'Egypte et laisse à Kléber avec les soucis et les difficultés du commandement, tous les pouvoirs que lui-même a eus entre les mains ; dès l'instant où il part, il n'est plus rien, il a abdiqué entre les mains de son successeur l'autorité que lui avait conférée la nomination du Directoire ; dès lors il n'a plus d'ordres à donner, ni d'instructions à prescrire, tout au plus peut-il offrir officieusement

des conseils. En cherchant à conclure un traité,
Kléber ne dépassait donc pas ses pouvoirs. Il ne
permit pas qu'on humiliât en sa personne la
France et l'armée qu'il représentait. « Vous
n'avez jamais pensé sérieusement, écrivait-il au
commodore Sidney Smith, qu'une armée française pût écouter des propositions incompatibles
avec la gloire et l'honneur. Partout où l'on sert
son pays l'on est bien. Et certes l'Egypte n'est
pas plus un exil que les mers orageuses que
vous êtes contraints d'habiter. « Est-ce là le
ton suppliant, l'attitude abattue d'un général
démoralisé, pressé de se rendre à tout prix; ne
reconnaît-on pas à ce fier langage le Kléber de
Mayence et le Kléber d'Héliopolis, la grande
âme qui ne se démentit jamais ; chef prévoyant,
il reconnaît la nécessité de traiter, soldat hau-
tain, il ne veut le faire qu'en dictant ses conditions et surtout en sauvegardant l'honneur.

Aussi bien, lorsque les plénipotentiaires français Desaix et Poussielgue s'embarquèrent sur le
vaisseau anglais le *Tigre*, ce n'était pas une capi-
tulation qu'ils étaient chargés d'accepter, mais un
traité qu'ils devaient proposer et presque dicter à
l'ennemi. Il fut d'abord question de poser en
principe l'évacuation de l'Egypte pour le jour où
des préliminaires de paix seraient signés entre
les belligérants ; en attendant, l'armée française
devait continuer à occuper le pays, en percevant
presque tous les impôts. De cette façon, on obte-
nait une suspension des hostilités et la France
conservait un gage précieux pour la paix géné-
rale. On mit ensuite en avant une autre combi-

naison : l'armée serait embarquée sur des vaisseaux français, turcs, anglais. En retour de l'évacuation immédiate, les puissances coalisées s'engageraient à rompre leur triple alliance, la Turquie restituerait les îles Ioniennes, l'Angleterre s'abstiendrait de toute attaque contre Malte et Gozzo. Ces conditions, a dit M. Thiers, étaient déraisonnables. Et pourquoi donc ? La triple alliance avait été conclue sous le prétexte de l'expédition de Bonaparte, les Turcs avaient occupé les îles Ioniennes, l'Angleterre menaçait Malte en représailles de l'invasion de l'Egypte. Dès l'instant où l'armée évacuait l'Egypte, on pouvait légitimement réclamer des ennemis l'abandon des précautions qu'ils avaient prises et des compensations qu'ils avaient cru devoir s'adjuger. Quant aux négociateurs, Kléber pouvait bien croire qu'ils avaient qualité pour traiter, l'un était le grand-vizir, chef officiel du gouvernement turc, l'autre Sidney Smith jusqu'alors plénipotentiaire anglais en Orient.

Peu à peu nous voyons Kléber se relâcher de ses premières prétentions. Il ne réclame plus que la neutralité de la Porte pendant la guerre et la libre sortie de l'Egypte avec bagages et munitions ; puis il autorise ses négociateurs à traiter de l'évacuation pure et simple de l'Egypte, aux meilleures conditions possibles. C'est en vertu de ces ordres que Desaix et Poussielgue signèrent la convention d'El-Arisch. L'armée devait évacuer la Haute-Egypte ; puis les places situées à l'Est du Nil, puis celles de la rive gauche, et enfin, le Delta. Des embarcations en nombre suffisant devaient être réunies, la Turquie donnait de l'argent et des vivres pour défrayer les troupes pendant la route, l'Angleterre un sauf-conduit pour les préserver de toute attaque. Nul en Egypte ne pourrait être inquiété pour s'être montré favorable aux Français.

Ces conditions n'étaient point brillantes ; pour s'en contenter il faut admettre ou que Kléber a subi une brusque défaillance ou qu'il a obéi à des raisons bien puissantes. C'est là qu'est la vérité. Lui aussi avait reçu des nouvelles d'Europe, des journaux allemands relatant les événements survenus jusqu'en octobre. En les lisant il avait pu d'abord se convaincre que l'armée d'Egypte n'avait aucun secours à attendre : l'opinion s'était prononcée avec une grande vivacité contre cette expédition hasardeuse, et, fort injustement d'ailleurs, accusait le Directoire d'en avoir eu la pensée. La guerre rallumée en Europe ne laissait au gouvernement aucunes ressources disponibles ; enfin l'Anglais était maître de la mer, et il l'était si bien que plus tard Bonaparte devenu premier consul, disposant des forces de la France, vainqueur de l'Europe à Marengo, ne put rien faire d'efficace pour sauver l'expédition. Réduite à ses seules forces, l'armée ne pouvait que prolonger une résistance stérile et dépenser inutilement des forces que réclamait la France menacée. Personne n'a mieux que Kléber exprimé ces raisons : « Le temps que nous passons ici est perdu pour la patrie, hâtons-nous de lui porter un secours qu'elle est hors d'état de nous faire parvenir » et ailleurs : « l'Italie perdue, l'armée navale sortie de la Méditerranée et bloquée dans Brest, les Anglais et les Russes dans la Hollande, Muller battu sur le Rhin, les frontières de l'Alsace livrées à la défense de ses habitants, la Vendée ressuscitée de ses cendres, enfin le Corps législatif proposant de déclarer la patrie en danger et rejetant cette proposition, non parce que le danger n'existe pas réellement, mais parce que le décret qui pourrait le constater n'y apporterait aucun remède..... d'après cela, je crois devoir comme général et comme citoyen, me relâcher de mes premières prétentions. »

En vérité, pour n'être pas sensible à l'éloquente simplicité de ce langage, il faut un étrange parti-pris. Mais il semble qu'il y ait deux justices pour juger ces deux hommes. Quand Bonaparte, au reçu des nouvelles d'Europe, quitte commandement et armée pour s'embarquer à la hâte, c'est pur patriotisme de sa part. Kléber, en apprenant des événements bien plus graves eucore, ne se proclame pas indispensable au salut du pays. Mais il croit que le concours de son armée ne sera pas inutile, et il négocie un arrangement honorable qui rendra disponible cette armée. Et c'est lui qui est taxé de faiblesse, de défaillance ! Que pouvaient faire 15 ou 20 mille hommes de plus ou de moins dans une pareille guerre ? Ce qu'ils pouvaient faire ? Ils auraient pu empêcher s'ils avaient été en Europe Jourdan d'être battu à Stokach, ou Schérer d'être débordé sur l'Adige, ou Joubert d'être écrasé à Novi par la supériorité numérique de l'ennemi. Soldats d'élite, vétérans de l'Italie ou de l'armée du

Rhin, ils pouvaient communiquer aux recrues du Directoire, la confiance, la solidité, l'aplomb dont manquaient ces troupes encore trop jeunes. Ces 15,000 ou 20,000 hommes, mais ils pouvaient être le salut dans un moment de péril suprême, ils pouvaient former le centre autour duquel se serait groupée toute la France soulevée. Dans des circonstances semblables, tout homme de sens aurait jugé comme Kléber, tout homme de cœur aurait agi comme lui. Et pour rappeler des faits qui sont dans la mémoire de tous, supposons un instant qu'en 1870 un corps de troupes françaises se fût, comme l'armée d'E-gypte, trouvé dans un pays lointain, conquête incertaine, toujours près d'échapper au conqué-rant, au Mexique par exemple. Supposons qu'un général se fût trouvé, comme Kléber, investi du commandement avec les pouvoirs les plus éten-dus, qu'aurait-il fait en apprenant Wissembourg et Wœrth et Sedan et la France envahie et la capitale menacée ? Par un entraînement irrésis-tible n'aurait-il pas laissé là cette expédition hasardée, cet établissement douteux, pour voler avec ses soldats au secours de la patrie en danger?

On sait par suite de quel concours de circons-tances la convention d'El-Arisch fut rompue. Le navire qui portait en France le rapport de Klé-ber et la correspondance privée de l'armée tomba entre les mains des Anglais. Peu s'en faut qu'on n'ait accusé à ce propos Kléber d'avoir livré à l'ennemi le secret de sa faiblesse. En adressant un état de situation à son gouvernement, il ne pouvait évidemment compter que ses dépêches seraient interceptées. Quoiqu'il en soit, le courrier d'Egypte fut publié et révéla à l'Angleterre la détresse où étaient nos troupes. Il y eut alors ue cri général; il fallait profiter de cette détresse, accabler, écraser complètement l'armée d'Egypte. L'amiral Keith qui commandait dans la Méditerranée, reçut des instructions dans ce sens et les transmit à Sidney Smith qui en fit part à Kléber. On n'acceptait aucun arrangement, il fallait que l'armée française se rendît prisonnière et s'abandonnât à la discrétion de l'ennemi.

Kléber se trouva dans une position terrible : la convention d'El-Arisch avait reçu un commencement d'exécution. Déjà la haute Egypte était évacuée, les positions de la rive droite du Nil avaient été abandonnées, une partie du matériel était embarqué. La population, encouragée par la retraite des Français, s'agitait menaçante ; l'armée du grand-vizir reçue à l'intérieur de l'E-gypte était maîtresse de l'espace compris entre le désert et le fleuve et marchait sur le Caire. Si Kléber avait été l'homme hésitant, le chef démoralisé qu'on a voulu voir en lui, c'est alors qu'il eût perdu la tête et consenti à signer une capitulatiou honteuse. Sa fermeté ne fléchit pas un instant, jamais on ne fit plus fièrement face au danger. Il refuse de livrer au vizir la ville du Caire ; une lettre de l'amiral Keith le somme de se rendre prisonnier, il la fait mettre à l'ordre de l'armée, en l'accompagnant de ces brèves paroles : « *Soldals, à de pareilles insolences, on ne répond que par des victoires, préparez-vous à combatlre.* »

Il fallait combattre en effet et combattre non plus pour la conquête, mais pour l'existence. Les Français n'avaient plus en Egypte que le sol qui était sous leurs pieds. L'action décisive se livra près du Caire. L'armée avait le désert à sa droite, le Nil à sa gauche. Reynier du côté du Nil, Friant du côté du désert commandaient chacun deux carrés d'infanterie. Chaque carré se composait de deux demi-brigades. Aux angles étaient massées les compagnies de grenadiers prêtes à soutenir les points les plus menacés ou à se détacher pour courir en avant. On corrigeait ainsi l'inconvénient que pouvait présenter l'ordonnance solide mais un peu massive des carrés. Entre Reynier et Friant, reliant les deux ailes s'allongeait la cavalerie. 60 bouches à feu disposées sur toutes les faces garnissaient ces murailles vivantes. En arrière un carré formé d'une seule demi-brigade se tenait en réserve.

L'armée avait devant elle le village d'El-Matarieh où une forte avant-garde ennemie s'était établie et retranchée. On y marcha Reynier attaqua de face pendant que Friant par un mouvement tournant isolait le village. Les Janissaires coururent à la rencontre des grenadiers de Reynier « mais ceux qui sortirent ne revinrent plus. » El-Matarieh est enlevé d'assaut, l'élan est tel que les troupes n'ont pas même la tentation de s'y arrêter pour prendre un peu de repos. En courant, on dépasse El-Matarieh, on dépasse les ruines d'Héliopolis et l'on se trouve enfin en présence du corps principal de l'armée turque.

Cette armée forte encore de 70,000 hommes occupait une longue ondulation de terrain allant du village d'El-Merg au village de Seriaqous. Elle apparaissait ainsi dominant légèrement la plaine, dans la lumière du jour. On distinguait les armures brillantes des cavaliers qui entouraient le grand vizir. Les tirailleurs semés en avant par l'ennemi essayèrent d'arrêter la marche des Français. L'infanterie légère les ramena rudement. L'artillerie turque ouvrit ensuite son feu, mais elle n'était ni servie ni dirigée comme la nôtre. Elle fut bientôt réduite au silence. La cavalerie s'ébranle alors a son tour. Les carrés de Friant sont d'abord assaillis, puis une attaque à fond est tentée sur toute la ligne. On vit se renouveler les scènes de Chébreiss et des Pyramides : les masses de la cavalerie turque tourbillonnant en tout sens, chargeant, reculant, chargeant encore et se brisant follement contre le rempart inflexible des baïonnettes françaises. Puis, après le tumulte de l'attaque, le désordre de la déroute.

Ainsi se termina cette bataille d'Héliopolis que Napoléon déprécie si injustement dans ses Mémoires, cette bataille, où les Français combattirent 10,000 contre 80,000, où la disproportion du nombre rachetait largement l'avantage que pouvait leur donner la supériorité de la tactique. Kléber n'a point inventé la disposition en carrés qui était devenue pour ainsi dire classique, mais il s'en est servi admirablement, inspirant aux soldats la confiance, le sang-froid nécessaires, maniant avec aisance ces lourdes masses d'infanterie et les entraînant avec lui dans un irrésistible élan.

Il ne s'arrêta point à célébrer sa victoire. Sans laisser de repos à ses troupes, il s'élance à la poursuite de l'ennemi et le chasse devant lui, la baïonnette aux reins. Le 23 mars il arrivait à Salaieh, et apprenait que le grand-vizir s'était jeté dans le désert avec quelques centaines de cavaliers, seuls débris de cet immense rassemblement d'hommes.

L'invasion turque était repoussée. Restait maintenant à reconquérir l'Egypte elle-même. Les villes du Delta étaient en pleine insurrection. Au Caire, des partis de cavalerie turque s'étaient glissés dans la ville, en passant entre l'armée et le Nil. Les chefs de ces troupes, Nassif-Pacha et le Mameluk Ibrahim annoncèrent la défaite des Français et ameutèrent la population. D'horribles excès montrèrent jusqu'où allait la soumission et la docilité de ce peuple. Des Cophtes, des Juifs, des Chrétiens de Syrie furent massacrés. Quelques soldats eurent le même sort, mais le plus grand nombre (1,800 hommes environ) était en sûreté dans la citadelle; 200, isolés au milieu de la ville dans la maison du quartier général, située sur la place Ezbekyeh se défendirent avec beaucoup d'énergie. Mais serrés de près par la masse des assaillants, leur position était critique.

A la nouvelle de la révolte du Caire, Kléber dirigea sur la ville un premier détachement commandé par Lagrange. Il envoya ensuite Friant, et enfin lui-même, revenu de la poursuite du vizir, chargeant Belliard et Rampon de réduire les places du Delta, marcha à grands pas sur la capitale. En arrivant, il se trouva en présence de difficultés énormes. 20,000 Turcs ou villageois révoltés, une population de 300 mille personnes étaient debout, en proie à la fureur du fanatisme et à l'exaltation de la lutte. Les rues étroites et tortueuses coupées de barricades, les maisons crénelées, les terrasses garnies de combattants semblaient défier toute attaque. Chaque masure paraissait prête à soutenir un assaut. Kléber, que nous avons vu si plein de décision et d'audace à Héliopolis, dut se faire alors prudent, circonspect, temporisateur. Il ne voulut pas prodiguer dans un assaut le sang précieux de ses soldats. Il se contenta d'abord d'assurer les communications entre la citadelle et la place Ezbekyeh et d'occuper fortement les portes afin de recevoir les renforts et le matériel qu'il attendait. En même temps il négociait sous main. Mourad bey qui, pendant la bataille, avait gardé une attitude indécise s'était ensuite prononcé pour le vainqueur. Il avait juré fidélité à la France et reçu comme une sorte de fief la province de Saïd dans la Haute-Egypte. Kléber se servit de lui et, par son intermédiaire, entra en rapport avec les chefs insurgés. Déjà les choses étaient fort avancées, un traité allait être signé, quand la population et les milices turques se mutinèrent et recommencèrent les hostilités.

Mais dans l'intervalle, les villes du Delta s'étaient soumises, les détachements avaient rejoint, le matériel était arrivé. Kléber avait sous la main toutes ses forces. La prise et l'incendie du gros faubourg de Boulaq, fut pour les rebelles comme un avertissement suprême. Ensuite à un signal donné, les batteries de la place de Ezbekyeh, celles des portes, celles de la citadelle, ouvrent simultanément leur feu. La ville est couverte de bombes et d'obus. Les colonnes d'attaque, à la faveur de la confusion, font de rapides progrès, la terreur est au comble parmi les plus exaltés. Les insurgés et leurs auxiliaires se soumettent enfin, les Turcs obtiennent la vie sauve et la permission de se retirer, les habitants se rendent à discrétion. La révolte avait duré plus d'un mois. Le Caire une fois dompté, Kléber vit toute l'Egypte à ses pieds.

Après la répression de l'insurrection, les choses se trouvaient à peu près ramenées au même état qu'avant la convention d'El-Arisch. Seulement la grosse armée turque avait été anéantie et l'armée française comptait à son actif une victoire de plus. Kléber avait été grand général, il lui fallait maintenant faire œuvre d'organisateur. Dans son commandement d'Alexandrie il avait eu précédemment l'occasion de s'exercer à cette difficile besogne. Il y revint après ses victoires et il y appliqua toute l'activité de son esprit.

Il fallait avant tout songer au recrutement de l'armée. Isolées en Egypte, sans communications avec la métropole, les troupes françaises, même sans combattre, devaient fatalement diminuer et se réduire peu à peu. Kléber imagina de les recruter au moyen des éléments indigènes. Des

Cophtes furent enrôlés, les chrétiens de Syrie, réfugiés en Egypte, formèrent une légion et une compagnie de cavalerie, des noirs du Darfour furent incorporés dans une demi-brigade. Tous ces nouveaux soldats bien encadrés, bien exercés, introduits avec prudence et discrétion maintenaient l'effectif de l'armée sans en altérer la qualité.

Pour la défense du pays, il était nécessaire que la résistance pût s'appuyer sur un système de fortifications assez complet. Kléber n'oublia point ce soin essentiel. On travailla activement a l'achèvement des forts commencés autour du Caire. On s'occupa de l'armement de la côte, à Alexandrie, à Lesbeh, à Damiette, à Burlos, à Rosette. Ces ouvrages achevés, on pouvait défier les débarquements des Anglais ou les insurrections des Egyptiens.

Comme à Alexandrie, la question d'argent se posait impérieusement. Kléber para d'abord aux besoins les plus urgents en mettant à profit l'insurrection même. La ville du Caire fut frappée d'une contribution de 12 millions, les places du Delta qui avaient participé à la révolte durent fournir 8 millions. Les habitants, qui avaient redouté de terribles représailles, se trouvaient heureux d'en être quittes à si bon compte et payèrent sans murmurer. Les caisses de l'armée se trouvèrent ainsi remplies. Pour l'avenir, l'administration fut confiée aux Cophtes qui en étaient chargés depuis des siècles. Les impôts déjà existants, quelques droits de douane et de consommation qui y furent ajoutés, assurèrent un revenu annuel de 25 millions. C'était plus qu'il n'en fallait pour faire face aux dépenses nécessaires.

La politique indigène suivie par Kléber fut un mélange de prudence et de fermeté, un modèle de tact et de mesure. Bonaparte, pendant son séjour en Egypte, s'était avec raison préoccupé de ménager les populations, de ne heurter ni leurs usages, ni leurs croyances. L'idée était bonne, mais il dépassa son but. Au lieu de se borner à protéger le culte musulman il jugea à propos de s'y associer. Or il ne convenait pas à un général français qui n'était musulman ni de naissance, ni de cœur, d'aller dans les mosquées s'asseoir sur les talons auprès des ulémas et se balancer en cadence en murmurant leurs prières. Quelques officiers, voulant imiter leur général, avaient été plus loin encore ; Menou par exemple avait fait publiquement profession d'islanisme, s'était marié à une femme du pays et voulait qu'on l'appelât Abdallah-Menou. Ces exagérations choquaient le bon sens du soldat et provoquaient ses railleries. Elles n'avaient point même le mérite de plaire aux indigènes qui ne les prenaient nullement au sérieux et les regardaient comme des marques de faiblesse. Kléber se garda bien de suivre de tels exemples. Il se contenta de faire respecter la religion et les mœurs locales, déployant au besoin une sévérité inflexible, défendant sous les peines les plus rigoureuses la violation des harems. Cette sagesse savait être énergique. Il n'admettait pas que les hauts personnages et les grands chefs du pays pussent s'affranchir des conséquences de leurs fautes. Dans la contribution qui fut payée par le Caire, une forte part dût être fournie par les mosquées et les cheikhs. Parmi ces derniers se trouvait un certain El-Sâdat qui s'était trouvé autrefois mêlé à la première révolte de la capitale, et que Bonaparte avait épargné. Se croyant assuré de l'impunité, El-Sâdat refusa de payer, il fut saisi et bâtonné comme un simple fellah.

Au bout de quelques mois, cette administration éclairée et vigoureuse donnait déjà d'appréciables résultats : « Un cophte, raconte un témoin oculaire, arrivait seul dans un village, intimait des ordres au nom des Français et était obéi plus ponctuellement qu'un colonel ne l'eût été précédemment avec un régiment tout entier. Sauf le danger des Arabes, un Français pouvait parcourir le pays sans inquiétudes, et l'on commençait même à voir des négociants prendre le costume français pour voyager avec plus de sûreté. »

Cette partie de l'histoire de Kléber ne comprend malheureusement qu'une période très-brève ; une terrible catastrophe y mit fin. Le 15 juin 1800, le jour même où se livrait la bataille de Marengo, Kléber s'asseyait avec quelques amis à la table du chef d'état-major Damas. Après le repas qui avait été fort gai, le général sortit pour aller inspecter avec l'architecte Protain des travaux de réparation qu'il faisait exécuter dans sa résidence de la place Ezbekyeh. Une terrasse séparait cette maison de celle de Damas. Au moment où ils la traversaient lentement un homme bondit tout-à-coup d'une citerne desséchée, se précipita sur Kléber et le frappa d'un coup de poignard. Kléber tomba. Protain, armé seulement d'une canne légère, fut percé de plusieurs blessures, l'assassin s'acharna ensuite sur son illustre victime. Quand on accourut enfin, Kléber était mourant.

Le meurtrier était un certain Suleiman. Ancien élève de la Djema-el-Azar, mosquée principale du Caire, il avait été au pélerinage de La Mecque, puis de Jérusalem. Dans son dernier voyage il avait vu arriver en Syrie les débris des Turcs vaincus à Héliopolis. Le récit de leurs malheurs, des souffrances qu'ils avaient éprouvées pendant la traversée du désert, des crimes qu'ils attribuaient au général français, tout cela avait exalté cet étroit cerveau de fanatique. Il vint au Caire, se logea quelques jours dans la mosquée d'El-Azar, y reçut les encouragements de ses amis et de ses anciens maîtres et chercha pendant plusieurs jours une occasion favorable. Il choisit le milieu de la journée, l'heure où la ville est déserte et frappa d'un coup trop sûr la victime qu'il s'était choisie.

Ainsi mourut à 47 ans, le général Kléber. Sa carrière militaire, si violemment fermée, n'a duré que huit années, mais ces huit années sont remplies d'actions héroïques. Avec son impétueuse bravoure, sa forte et souple intelligence, sa fierté ombrageuse toujours prête à se redresser devant le soupçon, Kléber personnifie en lui toute une race d'hommes. Il est le représentant glorieux de cette génération, de ces Français que 92 arracha à leurs occupations pacifiques, que l'élan guerrier de la Révolution transforma en soldats, que la victoire sacra généraux. Sur cette haute et noble figure, on a voulu jeter quelques ombres, en vain, elle se détache et apparaît dans le plein rayonnement de la gloire et du génie. Comme à tous ceux qui ont été grands et en même temps irréprochables, l'histoire lui paye un tribut d'admiration et le respect. Son nom éveille aussi chez nous une émotion d'un autre genre. N'était-il pas un fils de cette Alsace, si prodigue de soldats, si riche en héros ? En des temps plus heureux, Strasbourg sa ville natale, lui a élevé une statue, et maintenant au milieu des défaites, des désastres, cette statue est restée debout. Il est là, ce bronze immobile, muet témoin de la conquête étrangère, indigné comme un souvenir, mais aussi consolant comme une espérance !

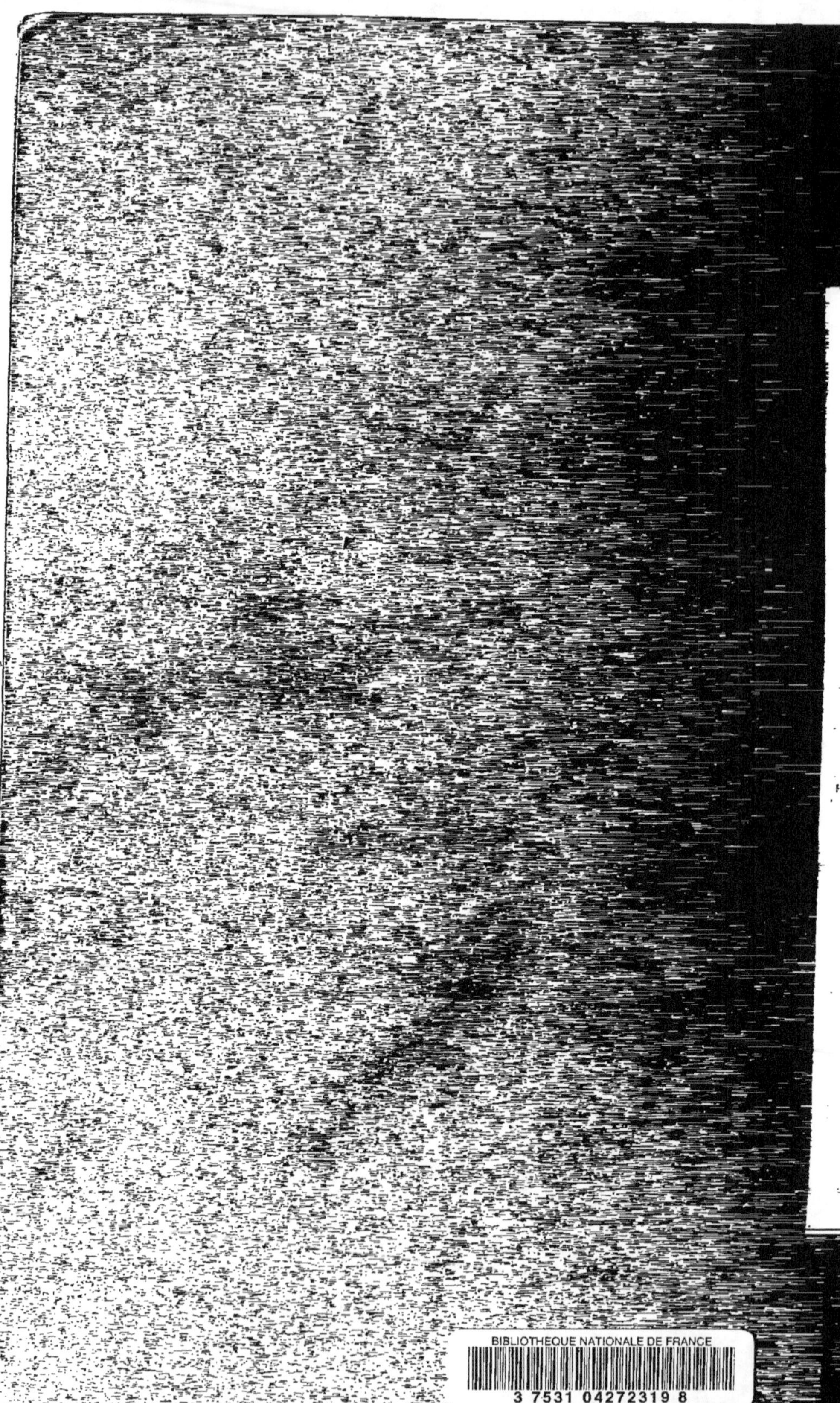
BIBLIOTHEQUE NATIONALE DE FRANCE

3 7531 04272319 8

www.ingramcontent.com/pod-product-compliance
Lightning Source LLC
Chambersburg PA
CBHW061108050726
47594CB00005B/1845